청춘의

건널목

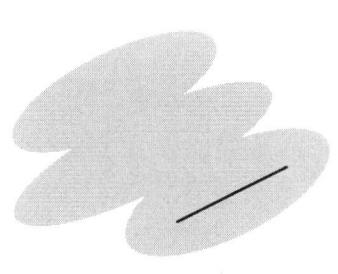

청춘의 건널목

발행	2025년 04월 10일
저자	유대협
펴낸이	한건희
펴낸곳	주식회사 부크크
출판사등록	2014.07.15.(제2014-16호)
주소	서울특별시 금천구 가산디지털1로 119 SK트윈타워 A동 305호
전화	1670-8316
이메일	info@bookk.co.kr
ISBN	979-11-419-2734-9

www.bookk.co.kr
ⓒ 유대협, 2025
본 책은 저작자의 지적 재산으로서 무단 전재와 복제를 금합니다.

청춘의 건널목

유대협 지음

CONTENT

머리말

제1장　　　　　사랑이 너에게 닿기를　9

우주
마지막 문장
유효기간
우연과 운명
고작
성숙해진다는 것은
영원을 믿게 되었던 그날
첫사랑, 모든게 처음이었다
청춘 속에서 태어난 존재
벚꽃에 물들어버린 두 볼
레모네이드 같은 사랑
여름이 알려주던 카레일
함께 비를 맞고 싶었을 뿐이야
운이 좋았던 거야
흔하지 않게 다가와 준 그대
보이지 않던 것을 보여준 언덕
벚꽃의 아우라
겨울과 봄의 사이
인생에서 가장 아름답고 행복한 순간

햇빛을 선물했더니 비가 그쳤다
유성우가 떨어지던 밤
나는 단조로운 너를 사랑해
내가 사랑했던 계절
너의 행복을 위해 음악을 선물할게
첫사랑의 정의
별은 청춘을 삼켰다
블루레몬에이드 같은 사랑

제2장 　　　　　계절이 너에게 닿기를　 40

너의 계절
꽃송이를 한 입 물고서
여름에게 묻는 너의 안부
이끌렸던 계절과 바다
꽃송이가 알려준 그 향기
너를 닮은 숲
싫어하는 계절
이제는 가을이 떨어지며
그토록 알고싶었던 계절
계절은 언제나 그렇듯
벚꽃의 순애
여름이 했던 이야기
계절의 마음
찰랑이던 파도의 물결

고립된 바다
만일 여름의 공기가 겨울이라면
야간비행 (魔女の花)
청려한 계절
하나의 페이지
어색하지만 익숙한 언덕
비에 젖은 흙냄새를 사랑했다
청춘을 위해 한 장의 사진을 담으며
무지개를 추가하며
하늘에 닿기 위한 부탁
꽃은 여름과 겨울로 나뉜다

제3장　　　　　　감정이 너에게 닿기를　68

감정이 없던 그 바다
고요한 너의 별자리
영원한 여름 속에서
여름밤의 파도
너의 별과 꽃
먹구름이 부러웠던 나무
꽃송이를 모아
비 소식
침묵을 사랑하는 것
고향의 발자국

어렵게 생겨버린 상처
계절과 함께 다시 찾아온 꽃
함부로 삼키려는 것
과거를 가진 꽃
너의 꽃밭에 가고 싶었던 나의 기억들
희미한 눈물을 가진 은방울
감춰져있는 꽃들에게
감정을 알아준 민들레
꽃이라는 감정
혼잣말
외로움을 타는 꽃
일시적인 감정
가라앉아버리는 마음
어제보다는 더, 내일보다는 덜
예쁘길 바라던 나의 추락
우울을 숨기고 있던 꽃송이
산책의 낭만을 바람에게 건넸다
다시 비가 내리겠죠
청춘의 건널목
여름은 온통 상처투성이
여름을 저만치에 두고 왔습니다
바다는 언덕 위로 올라가면 보여서

작가의 말

머리말

　우리는 살면서 4가지의 계절을 보게 되고, 그 계절마다 가지고 있는 매력들을 느끼게 됩니다. 그 과정 속에서 우리는 슬퍼질 때도 있고, 공감을 받을 때도 있고, 한편으론 사랑과 청춘을 느낄 수도 있습니다.

　누군가에겐 뜨거운 여름이지만 저에겐 항상 뜨거웠던 여름은 아니었습니다. 계절이 알려주는 체온이 있고, 각자가 느끼는 체온이 다른 만큼 어떤 환경에서든 각자만의 매력이 있고 각자가 가지고 있는 청춘이 있습니다.

　이 <청춘의 건널목>이라는 책은 제가 그동안 살아오며 느꼈던 계절들과, 그 계절들이 선물해 준 마음들을 고스란히 정리하며 되짚어본 글들을 담은 책이며 누군가에겐 위로를, 누군가에겐 공감이 되었으면 하는 작은 마음들을 담아 써왔습니다.

중학교 1학년에서, 고등학교 2학년까지
유대협

제 1장

사랑이 너에게 닿기를

우주

너의 연락을 기다리는 동안에 나는 우주를 그렸어
그 우주는 어두웠고 희망조차 보이지 않았어

네가 다시 돌아온다면 이 우주를 보여줄 거야
그때는 꼭 내 우주를 가득히 채워줘

너는 내 우주를 밝게 빛내주는 존재니까
꼭 내 우주가 밝아질 수 있게 도와줘

마지막 문장

나는 항상 글을 쓸 때마다 연필로 작성한다
연필은 이야기가 잘못됐거나 마음에 들지 않으면
지우개로 지울 수 있기에 연필로 작성한다

한때는 너와 추억을 내 노트에 담아놓기 위해서
우리의 이야기를 글로 옮겨 적었다
하지만 그때는 연필이 아닌 볼펜을 적었다

왠지 모르게, 그날은 지우개가 필요 없는 볼펜으로
이야기를 적고 싶었기에 꾹꾹 눌러가며 적었다

하지만 그 노트의 적힌 마지막 문장이 노트의 마지막 글씨였다
우리는 변화가 아닌 변함을 삼켜버렸다

그렇게 그 일기는 다시 서랍 속으로 들어가게 되었고
다신 다음 문장으로 넘어갈 수 없었다.

유효기간

사랑에는 유효기간이 존재하지 않는다고 했다
나는 우리의 사랑이 영원할 줄 알았다

함께 흘러가는 계절을 느끼며 변화를 함께 즐겼고
조용하게 피던 꽃이, 조용하게 내리는 눈이 될 때까지
너와 함께 간직하고 소중하게 감싸 안았다

하지만, 봄이 되어 새로운 꽃이 폈지만
너는 지고 말았다

너는 겨울에 내리는 눈이 되었고 점차 녹아내리며
그렇게 내 곁을 떠났다

나는 네가 겨울이 되면 나타날 줄 알고
그렇게 겨울이 오기만을 애타게 기다렸다.

우연과 운명

작지만 어여쁜 그 날개에 조금만 힘을 준다면
주변에 있던 풀잎들이 흔들릴 테고

아름다운 색채를 알려주는 그 머릿 빛을 정리하면
나비들이 꽃인 줄 알고 착각하며 다가올 테고

너의 그 아름다운 외모에서 미소를 띠면
내가 널 사랑하게 되어 다가갈 테야.

고작

고작 그 날씨가 뭐라고 자꾸 산책이 생각나고
고작 그 바람이 뭐라고 시원하다며 팔을 쭉 뻗고
고작 그 한마디가 뭐라고 하루 종일 생각나게 하는지

고작, 네가 뭐라고 내가 이렇게 너를 좋아하고 사랑하는지.
나는, 그런 고작이라는 감정으로 숨기고 싶었다.

성숙해진다는 것은

너는 항상 동화책을 읽듯이 나에게 이야기를 해주었고
나는 항상 어린아이처럼 환하게 너에게 이야기를 했다

너는 나에게 하고 싶은 말이 많아도 한마디만 했지만
나는 너에게 하고 싶은 말이 없어도 열 마디를 했다

너는 나에게 화를 내는 대신 이해하려 했고,
대신에 눈물을 흘렸다

나는 너에게 눈물을 흘리는 대신
마냥 화를 내고 이해를 하지 않았다

생각을 전혀 하지 않고, 모든 걸 행동으로 옮겼던
그 모든 것들이 성숙해지지 않은 상태였다.

영원을 믿게 되었던 그날

담백했던 그 사랑은 나를 점차 따뜻하게 해주었고
밍밍했던 내 눈물이, 더위를 먹은 듯 뜨거웠다
나는 사랑을 몰랐기에 어떤 게 사랑일까 싶었다

여름이 지나 추운 계절이 다가왔지만
여전히 너의 앞에서 흘린 눈물은
무척이나 온기가 가득했다

사랑을 몰랐던 내가 눈물의 온기로 모든 걸 알아챘다
과연 사랑은 어디서 비롯되는 건가 했지만
나에게 다가오던 모든 사랑의 감정들이
내 앞에서 웃고 있는 너에게서 비롯된다는 걸 알았다

그날 이후로 나는 영원을 믿었다.

첫사랑, 모든게 처음이었다

처음으로 너에게서 새로운 감정을 느꼈다
그 감정은 왜인지 자꾸만 나를 괴롭혔다

처음으로 너를 위해 웃어도 보고
처음으로 너를 위해 울어도 보고
처음으로 누군가를 챙겨주기도 했다

모든 게 처음이었던 감정이었던 만큼
그만큼 처음으로 크게 아프기도 했다
첫눈이 내릴 때 느끼던 감정과 비슷했다.

그것은, 첫사랑이었다.

청춘 속에서 태어난 존재

나의 청춘을 응원하는 꽃이 있었다
지겨워도 매일 챙겨 입던 교복을 입고
밖에서 꽃이 얼마나 피어나는지
바람이 얼마나 신나하며 부는지도 모른 채
나는 그런 공간에서 청춘을 키워나갔다

내가 청춘을 키워나갈 때마다
나를 응원하던 그 꽃은 점차 성장하여
나만의 새로운 추억이 되었다

시간이 흐르며 점차 청춘을 접어야 할 즘
그 꽃은 접히려는 청춘을 붙잡으며 다시 이끌고선
나와 평생을 약속하려 했고, 그렇게 그런 존재가 되었다
그 애가 고작 나의 청춘의 일부인 줄 알았지만
이제는 청춘의 일부가 아닌, 나의 일부가 되었다.

벚꽃에 물들어버린 두 볼

숨이 가빠르게 나오면서
두 볼이 복숭아처럼 붉어졌다
마치 벚꽃이 내 볼 위에 앉은 것 같다

잘못을 저지른 것처럼 눈을 마주치지 못하고
불안한 듯 말을 버벅거렸다

나는 이렇게 너의 앞에만 있으면 어쩔 줄 모른다
너에게 완벽한 모습을 보여주고 싶기에
함부로 편하게 행동할 수가 없다.

레모네이드 같은 사랑

행복이 비롯되어 너를 만나게 된 걸까
네가 있기에 행복이 비롯된 걸까

사랑이라는 낭만이 담긴 그 감정은
마치 레모네이드처럼 상큼하다가도 달콤하다

어릴 적 내가 가장 좋아하던
그 한여름밤의 서늘한 바람이 오랜만에 불어왔고

차츰 빨개지는 노을을 바라보면
언제나 내 손은 너의 손으로 가득 차 있었다.

여름이 알려주던 칵테일

뜨거워진 길을 걸으며 땀을 흘리던 우리는
곧장 실내로 들어가서 에어컨 바람을 맞았고
무거운 가방을 내려놓고 음료 한 잔에 낭만 한 잔을 시켰다

몇 시간이 흘렀는지도 모른 채
우린 칵테일 같은 감정을 새롭게 느꼈다

날이 어두워지면 놀이터에서 그네를 타며
서로의 고민을 털어놓았다

새벽이 오면, 우린 서로를 떠오른다
우리의 시그널이 마치 달빛에 공존해 있듯이.

함께 비를 맞고 싶었을 뿐이야

나를 떠나지 말아 줘
우리가 함께 피어나는 꽃을 볼 순 없어도
함께 추적추적 내리는 비를 맞을 순 있잖아

나는 항상 이렇듯 날씨가 흐려지면 곧장 너에게 갔어
내가 아무리 우울해도 결국 내려오는 비가 씻겨줄 줄 알았어

꽃은, 봄에 피지만
비는 겨울에도 내리잖아

비가 내리는 날이면 항상 너 밖에 생각 안 나
비 소식이 들리면 꼭 내게 와줘

언제든, 기다리고 있을게.

운이 좋았던 거야

언제부터인가 내 삶을 온통 너로 가득 채우려 했다
나의 속마음을 속인 채 그렇게 너를 내 마음에 가득 넣었다

내가 얼마나 힘든 상태인지도 모르고
내가 얼마나 쉬어야 하는지도 모른 채
무작정 너를 어렵게 가득 담았다

힘든지도 모른 채 너를 만나고 사랑했기에
나는 그저 운이 좋은 거라고 생각을 했다

네가 내 마음에서 나가고 나서야
친구들이 나에게 말했다
"정말 운이 좋았어, 아픈데도 불구하고
그렇게 만났던 것들이."

너라는 운이 생겼기에
좋은 방향으로 흘러갔다고 믿으며, 나는 오늘도 잠을 청한다.

흔하지 않게 다가와 준 그대

흔한 말로는 나를 위로할 수가 없었다
모든 게 가식 같았고 진심이 느껴지지 않았다

그 어느 누가 나를 위로해 준다고 다가와도
쉽게 믿을 수가 없었기에 항상 경계를 해왔다

하지만 너는 다른 사람들과는 달랐다
남들은 위로를 목적으로 다가왔지만

너는 그저 편한 행동으로 나에게 다가왔고
처음엔 의심을 했지만
점차 안심을 하기 시작했다

흔한 말로는 날 위로할 수 없었지만
흔하지 않던 네가 나에게 와줬기에
어렵게 눈물을 흘렸고, 그렇게 너의 어깨에 기대었다.

보이지 않던 것을 알려주는 언덕

나는 너의 머리에 꽃을 올려놓으니
너는 나에게 감미롭게 미소를 올린다

작은 언덕을 올라가니 보이지 않던 노을이 보였고
언덕 위에서 너를 바라보니 더욱 빛났다

바쁜 현실 속에선 보일 수 없던 모든 것들이
언덕 위로 올라와서야 점차 보였다

나는 아직 널 향한 나의 마음을 보여주지 않았다
보일 수 없던 것들이 언덕 위에서 점차 보였으니

언덕 위에서 너를 향해 웃는다면
너에게 보이지 않던 내 마음이
너에게 조금씩 보이지 않을까?

벚꽃의 아우라

별을 따서 너에게 준다는 감정이 담긴 말을 했다
꽃을 꺾어, 네가 좋아하는 시집 위에 올려줄 테고
쓴 커피를 마실 때도 달콤하게 마실 수 있도록
내 눈물을 선물하겠다고 말했다

아무리 작은 별이라 해도 자신의 위치에서
많은 노력을 거치며 결국 빛이 나듯이
아무리 실수가 잦은 하루여도
그 끝내 너의 아우라는 따뜻한 빛을 뽐낸다
너는 결국 하나의 벚꽃이었다

벚꽃이 피는 따뜻한 계절 속에선
유독 더 달콤한 바람이 불어오고
나에겐 네가 존재하기에 나의 벚꽃은 점차
더욱더 피어 나오고 결국 만개 시기가 점차 늘어났다

뿌연 미세먼지가 날아온다 해도 시원한 비를 내려
너의 계절을 지켜주겠다고. 나는 그렇게 말했다.

겨울과 봄의 사이

항상 지치고 힘들며 늘 일이 안 풀린다고 해서
그것을 적응하지 말고 익숙해지지 않았으면 좋겠어

우리는 살아가면서 여러 많은 감정이 오가는데
가끔은 정말 소리 내어 울고 싶을 때도 있어

인생에는 힘든 순간들이 굉장히 많지만
모든 것엔 오는 게 있으면 가는 것도 있는 법이야

충분히 힘들 수 있어, 그만큼 네가 노력해왔고
열심히 살아왔다는 증거니까

정말 힘든 순간이 찾아오면 머지않아 행복한 순간이
반드시 찾아올 거니까 절대로 너 자신을 원망하지 마

아마 지금쯤은, 겨울에서 봄으로 넘어갈 시기일 거야.

인생에서 가장 아름답고 행복한 순간

얼음을 머금고 있어도 잘 녹지 않는 12월이라는 계절
그 시린 계절에도 피는 꽃이 있다
추워도 자신을 알리기 위해 노력하는 꽃들처럼
너와 처음 만났던 11월을 거치고
그렇게 12월에 우리의 꽃이 피었다

눈이 수북하게 쌓여 코와 귀가 빨개지며
손이 꽁꽁 얼어도, 너와 그 계절을 함께 걷는 게
나에겐 따뜻한 봄처럼 아름다웠다

네가 나에게 조심스럽게 했던 그 행동들은
마치 겨울의 냇물을 건너는 듯했고

너의 새로운 모습을 찾아냈을 때는
마치 또 하나의 눈사람을 만드는 듯했다.

햇빛을 선물했더니 비가 그쳤다

나는 네가 뱉어버린 감정들을 주워 담았고
네가 무수히 사랑하며 품에 가득 안은 말들을 좋아했다

한때는 비가 내리던 날이었다
네가 아무도 모르게 뒤에서 조용히 울고 있을 때
나는 그 옆에서 모르는 척하며 투명한 우산을 펼쳤다

나는 그렇게 투명한 우산 덕분에 비가 내리는 걸 볼 수 있었고
그 누구에게도 말하지 않았던 너의 감정을 볼 수 있었다

조용히 너에게 다가가 비를 맞지 않도록 우산을 내밀었다
나는 비를 맞았지만, 나의 행동 덕분에
또 다른 비가 더 이상 내리지 않게 햇빛을 건넸다

처음으로 우산에게 고마움을 느끼게 된 날이었다.

유성우가 떨어지던 밤

짙은 어둠이 가득했지만 달빛이 우리를 밝게 비춰주었고
때문에 너의 얼굴이 무척이나 더 밝았다

한강은 푸르렀고 그 푸른 색채가 우리를
감쌀 수 있었던 건 영원한 마음 때문일까

나는 이렇게 바보 같은 문장들이 전부 헛된 낭만으로
가득 찼으면 좋겠다는 생각을 한 적도 있었다

우리는 영원하지 않지만
여름 속 우리의 낭만은 영원한 마음으로
오늘 밤 떨어지는 유성우들이
다 네게 떨어질 거라고
그렇게 하나뿐인 소원을 너에게 쓴다고 말했다.

나는 단조로운 너를 사랑해

나에게 잘 보이겠다고 행동을 다르게 한다던가
평소와는 다른 말투를 쓴다거나
나를 신경 써주는 그런 모습이 아니라 너무 고마워

평소처럼 박수를 치며 크게 웃고
걸어갈 때도 힘들다며 어깨동무를 걸치고
카페에서 커피 2잔을 시켰으면서 빨대를 3개를 가져오는
털털하며 전혀 과장된 게 없는 너의 모습을 사랑해.
나는 그런 단조로운 너의 모습을 사랑해.

무더운 여름날 고작 아이스크림을 사 먹으며
함께 동네 길을 걸어 다녔던 것처럼

우리 앞으로도 과장되지 않는 사랑을 하자.

내가 사랑했던 계절

하늘이 얼마나 예쁜 지도 모르고
얼마나 많은 구름이 지나가는지도 모르고
꽃잎이 얼마나 흩날리는지도 모른 채
일상에게 쫓기며 하루하루를 살아갔다

문득 나를 위로해 줬던 하나의 계절이 생각났고
그 계절에게 내 마음을 보여줬다
나는 그 계절을 사랑했었다

그 계절을 사랑해 보니
흐릿했던 감정이 바람처럼 슬며시 불어왔다

나는 그 계절을 사랑한 것일까
아니면, 그 계절을 함께한 너를 사랑했기에
그 계절을 여전히 사랑하는 걸까.

너의 행복을 위해 음악을 선물할게

너를 위해 애틋한 그림을 그리려 해도
너의 외모는 그림으로 쉽게 나올 수 없었고
너의 웃음을 바라보면 내가 좋아했던 나무가 춤을 췄다

언제든 꺼내볼 수 있기 위해
너의 그 고운 눈빛을 조심히 훔쳤다

멀리서 바라본 너는 항상 음악을 들으며
눈을 지그시 감으며 흥얼거렸다

그로 인해 나는 해본 적도 없던 작곡을 시작했다
너의 행복을 위해, 나는 너에게 음악을 선물하기로 다짐했다
그 노래의 가사는 온통 너로 가득하길 바랐다.

첫사랑의 정의

후덥지근한 교실, 달콤한 향수의 향이 가득했고
밖에선 시원한 바람이 불어왔다
그때 처음 마주친 너는 창가에 걸 터 앉아있었고
바람에 커튼이 흔들려 네가 보일 듯 말 듯 했다
따뜻한 자연광으로 빛나던 네 얼굴.
어쩌면 그때 너를 마주쳤기에 내 모습이
완전히 달라진 거일지도 몰라

그제야 너의 입가에도 미소가 가득했기에
나는 너를 위해 매일 웃으면서 다니기 시작했어

난 네가 아프다고 하면 막차를 타서라도 달려갔고
밤에 전화를 하다가도 "네가 너무 보고 싶어." 라고 하면
바로 택시를 잡아서 너를 보기 위해 집 앞으로 갔어

물론 그만큼 많이 다투고 싸우기도 했지. 모든 게 처음으로
받은 감정들이었기 때문에 자주 울고 웃으며 많은 감정이 오갔어
아마도 내가 생각하는 첫사랑의 정의가 이런 게 아닐까 싶어

첫사랑은 처음으로 좋아한 걸 말하는 게 아니라
내가 헌신을 다해 노력하는 사랑을 뜻하는 것 같아

그렇지만 첫사랑의 정의는 꼭 긍정만 있지는 않더라
첫사랑이라는 노트의 맨 아랫부분에 있는 스티커를 떼어보니
"결코 이루어질 수 없는, 이루어지기 어려운 사랑"이라는
문장이 고스란히 적혀있었어. 때문에 우리는 서로를 위해
나눴던 행복보다 서로로 인해 흘린 눈물이 더 많았기에
3년 만에 서로에게 이별을 고했고 미련의 아픔을 이기지
못할 즘 너는 순식간에 나를 잊었더라.
내가 알고 있던 첫사랑이 이게 맞는 건가 싶기도 했지만
나와 함께 했던 너를 위해 이해해 볼게

우리가 서로 똑같이 가장 좋아했던 여름.
따뜻한 햇살을 맞으며 소설책을 읽을 때 날 지그시 바라보던
그때의 네가 조용히 입을 맞추며 사랑한다고 나에게 말했었지

넌 그 시절을 여전히 기억할까? 아마 새로운 사랑을 하고 있기에
쉽게 기억하진 못할 거야. 나는 어렵게 잊지 못해서
아직도 기억해

나는 지금, 네가 나에게 입을 맞추며 사랑한다고 했던
그때의 너보다 지금의 너를 아직도 사랑해
이러면 안 된다는 걸 잘 알지만 나는 적응하기까지
많은 시간이 걸려

너와 함께 여름 나눴던 그 시절로 다시 돌아가고 싶지만 참아볼게.

우리 다시는 만나지 말자.

우리의 사랑은 이루어질 수 없는, 첫사랑의 정의니까.

별은 청춘을 삼켰다

마음속에 있는 작은 애틋함이 내 모든 걸 뜻했기에
그저 모든 게 좋았기 때문에 널 마주친 게 아닌가 싶었어

저기 저 깊은 바다를 헤엄치고 싶다던 너를 데리고
오늘도 따뜻한 모래가 가득한 해수욕장에서
너의 손을 붙잡고 마구 뛰어다녔어

잡생각이 많아 보여서 늦은 시간인 오후 11시에 무턱대고
너를 데리고서 한강으로 갔어. 주머니에 핫팩을 미리 넣었더니
주머니는 금방 따뜻해졌고, 너의 그 빨개진 손을
내 주머니에 놓고선 한강을 밝게 비춰주는 건물들처럼
너도 누군가를 위해 어두운 곳을 밝게 비춰준다고 했어

그 누군가가 누구냐고 묻는 너의 질문에
나는 그 건물들을 바라보며 "그 누군가가 바로 나야"라고 했어

그때였나, 추운 날씨에도 전혀 귀가 빨개지지 않던 너였는데
내 말을 듣고 나니까 너의 귀가 무척 빨개졌어

그 모습이 너무 예뻤기에 나는 오늘 하루를
예쁘게 기억하기로 했어

밤하늘의 별이 청춘을 삼켰기에 저렇게 빛을 내었고
따뜻한 마음이 담긴 초승달은, 오늘도 너를 닮았어

삶이 지쳐 그동안 편하게 울지 못했던 너는
내 옆에서 소리도 없이 차가운 눈물을 보였고
나는 그저 조용히 너를 안아주며 너의 바다가 되어준다고
귓가에 조용하게 말했다.

블루레몬에이드 같은 사랑

나른한 오후 오른손으로 턱을 괴고 얼음이 녹아 물방울을
선물해 준 그 컵을 왼손으로 들어 올렸다. 아래는 밝은 듯
노랗게 물들여져 있었고 위에는 슬픈 듯
파랗게 물들여져 있었다.

두 가지의 색은 모두 따로 있었고 섞이지 않았다
한 입 마셔보니 처음엔 달콤했지만 이후엔 새콤했다
맛 또한 섞이지 못한 것 같았다
그저 같은 맛으로 느끼고 싶었지만 따로 느껴야 했다

나의 사랑은 마치 블루레몬에이드와 같았다
처음엔 달콤하고 행복하다가도, 그 끝은 새콤하듯 눈물이 흐른다

결국 왼손으로 들어 올린 컵을 내려놓고 꽉 잡으며
턱을 괴고 있던 오른손으로 얼굴을 막았다
나의 얼음이 녹은 듯 눈에선 물방울들이 두 볼을 향해
흐르기 시작했다.

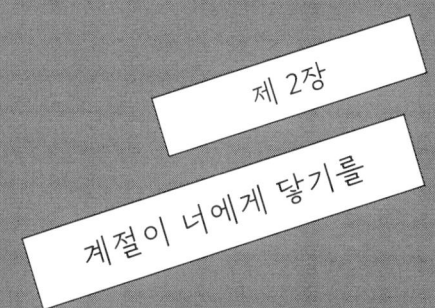

제 2장

계절이 너에게 닿기를

너의 계절

눈이 정말 펑펑 예쁘게 내리는 날에
애틋하게 서 있는 꽃송이를 보며 하루를 그렸고
또 하나의 별을 찾아 어두운 밤을 빛나게 하였다
작년에 올렸던 별이 천천히 내려왔고

오늘도 사람들은 여전히 소원을 빌며 하루를 끝낸다
바람이 서늘하게 부는 날엔
꽃들이 이리저리 움직이며 행복을 찾았지만
자기 자신이 행복이란 걸 알아차리지 못한 모양이다

밤벌레가 신나게 노래를 부르는 여름밤엔
싱그러운 바람을 맞으며 산책을 했다
여름밤공기는 나에겐 그다지 다정하지 않았다.

꽃송이를 한 입 물고서

이 모진 세계를 건너 너에게 다가갈 테니까
꼭 그 영원이 뭔지 알려주길 바랄게

공백이 가득했던 하늘에도 뭉게구름이 가득하고
세계를 아직 모르기에 두려워하는 그 꽃봉오리도
차츰 행복을 찾으며 결국 어여쁜 자신을 바람과 함께
이 멋진 세상에 나올 수 있는 그런 영원을 꼭 알려줘

나는 아직 여름을 따뜻한 계절로 밖에 알지 못해
네가 내 손을 잡아준다면, 그 끝에 있는 언덕을 건너
수많은 민들레를 볼 수 있을 거야

그리고, 너와 함께 한다면 나는 겨울을 향해 나아갈 수 있어.

여름에게 묻는 너의 안부

너는 지금쯤 예쁜 나비가 되어 침묵을 사랑하는
그 꽃을 찾기 위해 이리저리 날아다니고 있겠지

매미소리가 자욱한 넓은 숲에서 네가 사랑하던
시집을 읽고 있었는데 작은 풀잎 하나가 내려왔어
그 풀잎은 무척이나 너를 닮은 것 같았어
때문에 나는 그 풀잎을 책갈피로 사용하고 있어

눈이 펑펑 내리던 작년 겨울에는
네가 무척이나 그리웠어, 너도 함박눈을 참 좋아했었는데.

이제는 폭염이 쭉 이어지고 있는 여름이 왔고
매미소리로 날씨가 더욱더 더워지는 듯해
널 만나기 위해 넓은 해변가를 찾아 떠나야겠으니
내가 해변에 도착한다면 공허한 파도로 날 반겨주길 바랄게.

이끌렸던 계절과 바다

나는 바다를 좋아했던 그때의 계절이었고
너는 낭만을 좋아하는 지금의 계절이다

낭만과 바다가 공존하던 공허한 새벽 바닷가에는
우리를 그릴 수 있는 하나의 공간이 존재했고

남에게 보여주기 싫던 너의 그 우울을
편하게 버릴 수 있는 하나의 바다였다

파도의 울림소리가 너의 울음소리를 가려주었고
몽환적인 새벽 공기는 너의 눈물을 점차 없애주었다

영원이라는 말이 존재하지 않는다면
나는 평생이라는 단어로 너를 떠올린다.

꽃송이가 알려준 그 향기

계절이라는 단어에 낭만이라는 밑줄을 그어내며
우리는 요동치는 파도를 만들어냈다

낮게 깔린 구름 위로 눈물이 가리우고
한때 나의 눈에서 흘렀던 눈물을 너라는 존재가
나를 감싸며 나에게 그 꽃에선 무슨 향기가 나는지
자세하게 알려주었다

그러고는 눈물을 닦아주며 그 꽃의 이름을 알려주었고
나는 그 꽃을 보곤 미소를 띠웠다

그 꽃은, 내 눈물을 닦아주며 행복이라는 향기를 뿜어냈다.

너를 닮은 숲

숲을 걸어갈 때마다 내 주위에선
풀잎들이 춤을 추며 날 반겨주었고
바람은 더위를 먹은 나에게 생기를 주었다

고요하게 흐르던 그 샘물에는 작은 빛들이
자갈돌들과 함께 공존해 있었다

숲을 건너가려 했지만
무척이나 너를 닮은 이 숲이 좋았다

무심코 찾아온 이 숲은
나에게 또 하나의 감정을 선물해 주었다

아무래도, 나는 아직 그때의 너를 기억하고 있는 것 같다.

싫어하는 계절

알 수 없는 계절이 찾아왔고
여름 위를 아무리 굴러도 알 수 없는 것들이었다

조그맣게 색을 넣어볼까 하는 마음으로
9월이라는 감정을 선물했다
9월을 살짝 좋아했다

시린 감정을 좋아하는 건 아닐지 하는 마음으로
12월이라는 감정을 선물했다
이 감정에는 미소를 보였다

그렇다면 이 계절은 겨울인가
그렇기엔 따뜻한 단풍도 좋아했다

어디서 왔는지는 모르겠지만
단풍을 좋아하고, 겨울에 미소를 보인 모습이
무척이나 나와 비슷한 모습이었다
나는 걔를 가을에 처음으로 봤고, 따뜻한 계절답게

걔를 향한 내 마음이 미지근하다가 곧장 따뜻해졌다

단풍이 춤을 추듯 바닥에 무수히 떨어졌고
그렇게 그 나무에는 감정이 사라졌다

겨울이 찾아와, 나는 걔와 함께 조용하게 내리는 첫눈을
함께 맞이했고 눈사람이 생기기도 전에
우리라는 하나의 사랑이 생겼다

하지만
함께 봄과 여름을 헤아려보고 싶었지만 이제는 가을이 왔고
날 위로해 주는 꽃들이 점차 사라질 예정이다.

나는 겨울잠을 재웠던 단풍을 꺼내기로 다짐했다.

이제는 가을이 떨어지며

지쳐있는 나무 한 그루가 있었다
그 나무는 우리에게 영원이 뭔지 알려주었고
금방 사라질 것 같은 바람이 다시 분다는 걸 알려주었다

넓은 바다 너머엔
우리가 몰랐던 행복이 있을 테고 그 행복을 우리가 알게 된다면
차츰 숨어있던 여름이 나타날 것이라고 했다

수평선에 희미하게 섬이 보였고 그 섬을 향해 헤엄을 쳤다

도착해 보니 영원한 꽃이 피어있었고
그것이 우리의 여름밤이라는 걸 알게 되었다.

그토록 알고 싶었던 계절

조용한 시골의 풀 내음은 새벽을 닮았고
바람으로 인해 떨어진 꽃송이는 봄을 닮았고
사무치게 아름다웠던 겨울의 눈송이는 너를 닮았다.

해가 지는 곳에 여름이 있다며 낡은 기차역에서 나란히 앉아서
다음 페이지를 펼치기 위해 서서히 내려가는 노을을 바라봤다.

작은 시골에 있던 숲길의 공기는 무척 시원했고 작은 벤치에
앉아서 책을 조용히 펼쳤더니 비로소 새들의 지저귐 소리가
들려오기 시작했다.

숲의 작은 울림이 나에게 새로운 감정을 만들었다.
흔들리는 나무로 풀잎이 떨어지며 그 풀잎들이
새로운 계절을 알려주는 길을 만들어주었다.

무척 밟고 싶었던 계절이었을지도 모른다.

계절은 언제나 그렇듯

슬픈 계절들을 꾹꾹 담아서 하늘에 올렸다
자신이 어떤 매력을 보여줘야 할지 모르기에
하늘에서 여행 중인 구름은 그 계절에게
이 멋진 세상을 알려줬다

봄에 피어나는 꽃이, 가을엔 단풍이 되었고
여름날 내리는 비가, 겨울엔 눈이 되었다

계절은 언제나 그렇듯 새로운 생명을 부른다
짙은 색을 띠는 감정들을 위하여.

벚꽃의 순애

그저 별 볼 일 없는 감정인 줄 알았지만
내가 가장 신경 써야 하는 감정이었고

특별한 일 없는 평범한 하루이기에
"오늘은 지루한 하루구나."라고 했던 게
그토록 내가 바라던 말이자 하루였다

사무치게 그리웠던 계절의 공기가 돌아오고
시원한 바람이 불었지만
추억의 감정은 불어오지 않았다

새벽에도 누군가를 위해 깜빡거리는 신호등처럼
기분 좋은 날씨가 되기 위해 선선히 부는 바람처럼
벚꽃이 많이 피어져 있는 나무처럼
오늘도 누군가의 행복을 위해 움직여야겠다.

여름이 했던 이야기

네가 세 번째의 계절이라면
꼭 여름이 했던 이야기를 기억해.

"너는 아마 짙은 갈색이라는 감정을 받았을 거야,
많은 사람들이 너의 아래에서 낙엽을 잡으려 할 거야
너의 색이 다 빠져 하얗게 물들어갈 때쯤
스며든 작은 꿈속의 희망을 놓치지 마."

함께 계절의 온도를 느끼며 함께 써 내려갔던
작은 수필에게 새로운 이름을 만들어 주었던
그 시절 속에 잠겨버린 추억을 다시 깨우며.

계절의 마음

나무 한 그루가 서있는 봄이었다
새로운 시작을 알리고 싶었는지
자신을 초록색으로 물들이곤 손을 흔들었다

젊음을 향했던 구름은 방향의 중요성을 깨닫곤
곧장 바람과 같은 방향으로 향했다

12월은 얼음이 녹지 않는 계절이라고 말하지만
나에겐 따뜻한 마음이 사라지는 계절이었다
그 누구에게도 손을 내밀기 싫고
나 홀로 살아가길 바라는 시기이다

또다시 해가 떠오르면, 난 오늘 위해 살아갈 것이다.

찰랑이던 파도의 물결

수많은 감정과 추억을 품으며
새롭게 피어나는 꽃을 바라보고 있어도
결국 내 감정은 무채색이다

밝은 빛이 우리를 비출 때 그 빛을 따라
조용히 보이지 않게 숨고 싶었지만
검은색이기에 쉽게 그 자리를 벗어나지 못한다

새벽이 창문 틈에서 내가 나오기를 기다렸지만
나는 또다시 커튼으로 새벽을 가렸고
청순했던 그 멜로디는 흐르는 물결 같은 선율로
점차 모습을 바꾸었다

푸른빛을 품고 있는 한 마리의 나비를 보고 나서야
사사로운 내 감정에 물방울이 맺혔다.

고립된 바다

고운 꽃이 필 때 상쾌한 바람이 불어오며
내 옷깃을 스칠 때 그제야 바다는 파도를 건넨다

파도를 건네주는 그 바다는 눈을 감아야만 보였고
처음으로 우리에게 다가온 고요한 바다는
그리움만이 가득한 고립된 바다였다

그곳엔 영원히 침식된 문장들이 가득했고
청아한 빛은 전혀 보이지 않았다

울적한 밤하늘에 홀로 남아있는 초승달에는
하나의 편지가 매달려있었고

그 편지를 읽으니
그제야 유성우가 떨어졌다.

만일 여름의 공기가 겨울이라면

숨소리마저 하나의 이야기 속 내용이었고
평화 속으로 몸을 던지니
숨어있던 작은 바람이 나에게 불어왔다

흐린 구름을 치워보니 따뜻한 햇살이 있었고
아무도 들어보지 못한 바다를 향해 소리쳐보니
그제야 꽃향기가 내 몸을 스쳤고
그 꽃향기는 저기 저 넓은 공허 속으로 빠졌다

잊을만하면 찾아오는 우리의 계절은
숲이 아닌 바다라는 걸 깨달았고
새벽에 불어오는 찬 공기는
너를 깨울 수 있는 유일한 방법이라는 걸 알아챘다

내가 기억할 수 있는 건 여전히 너였고
모든 걸 삼킬 것 같았던 추위는 어느새
여름의 공기가 되어버렸다.

야간비행

빛이 닿는 그 세계를 향해 우린 야간비행을 한다
어느 곳이든 상관없지만 푸른빛의 작은 꿈이 닿는
그 공간 속으로 마구 헤엄치는 걸 좋아한다

아름다운 색채를 가지고 있는 따뜻한 차를 끓여
그대의 머리맡에 아름다운 찻잔을 올리고
벚꽃 한 송이를 차 위에 올려놓는다

시원한 바람을 마주했던 그때
우린 또 하나의 구름을 발견했고, 새벽을 마주했다

아무도 모르는 나만의 세상에서 아름답게
빛을 내는 그 별은 그리움을 뜻했다.

청려한 계절

손을 뻗었을 때 손끝에서 느껴지던 그 시린 감정은
결국 그 꽃송이가 떨어졌다는 것을 암시했고
소란스럽게 비가 내렸던 그 시간 속에는
작은 낭만이 남아있었다

청려했던 바람을 느끼며 춤을 췄던 그 민들레는
햇빛의 웃음을 보곤 똑같이 웃음을 지었고
묘한 감정이 맴도는 그 공허를 미워했던 겨울은
결국 첫눈을 부르며 모든 걸 소멸시켰다

따뜻한 봄이 피어날 것 같은 날씨였다
고요한 하늘의 시원한 구름이 모든 걸 지배했고
그로 인해 나의 마지막 이야기는
단풍이 겨울에게 인사를 나누는 그런 가을이라는 계절로 끝났다.

하나의 페이지

나에겐 하나의 소설책이 있다
그 소설책엔 내가 가장 좋아하는 계절이 담겨있다
새들의 지저귐 소리가 들려오는 계절
선선한 바람이라는 음악을 들으면서
춤을 추는 들판 속 민들레의 계절
그리고, 차가운 바람이 날 에워싸는 계절이 있다

하지만 그중에서 유독 싫어하는 계절이 있었다
유독 이 계절만 오면 겨울잠을 자고 싶어진다
항상 누군가가 나에게 찾아와 젊음을 향해 함께 하다가도
쉽게 곁을 떠나버린다

때문에 그 계절은 아침에 봤던 민들레가
오후에는 하나의 눈사람이 되어있다

다신 이 계절을 펼치기 싫었기에 결국 페이지를 찢었다
하지만 페이지를 찢어버린 탓에
소설책은 자신만의 중심을 찾지 못하였다
결국 하나의 책갈피를 꽂아놓았고

그 페이지는 계속해서 펼쳐지고 싶어지게 하는 계절이
되어버렸다.

어색하지만 익숙한 언덕

변해가는 계절에게 욕심을 선물한다면
위로의 마음이 담긴 파도가 출렁일 것이고
흘러가는 구름이 사랑의 모양을 만들어줄 것이다

사랑한다는 달콤한 말을 무심코 뱉었더니
초라했던 바람이 나를 저기 저 높은 언덕으로 이끌었다

그 언덕에선 나지막한 바람 소리가 들려왔고
내 두 눈을 자극한 건 풍경이 아닌 계절이었다

분명 잔디밭에 꽃이 피어나 있음에도 불구하고
그 꽃들 위에선 작은 눈이 내려오고 있었다

내가 외로워하면, 사랑이 찾아왔고
눈물을 흘린다면, 곧장 위로가 찾아오는
이상하지만 정이 가득 차 있던 곳이었다.

비에 젖은 흙냄새를 사랑했다

속상한 마음에 말없이 눈물을 흘리던 날씨였다
나는 그런 날씨를 위해 우산을 쓰지 않은 채 비를 맞았다
비를 맞으면서 조용히 눈물을 흘렸지만
빗물이 나의 감정을 가려주었다

나는 마른 흙보단 축축한 흙을 더 좋아했고
비가 내리고 나면 느껴지는 자연의 생기를 사랑했다

늘 푸른빛을 보여주는 잔디밭이
이제는 따뜻한 색채를 보여주기를 바랐고
나는 이 잔디밭에게 가을을 선물했다.

청춘을 위해 한 장의 사진을 담으며

나는 청춘으로 갈 수 있는 방법을 찾아 헤맸다
추억을 떠오르게 해주는 향이 있지 않을까 하는 생각에
한강도 가봤고, 계곡도 가봤고, 숲도 가봤다
하지만 그곳엔 내 추억을 떠오르게 해주는 향은 없었다

아무것도 모르던 시절, 나는 저렴한 향수를 구매했었다
향이 무척이나 저렴했지만, 나를 기억하게 해줄 수 있는
유일한 수단이었고, 곧 그 향은 저렴하지 않다는 걸 깨달았다

때문에 내 추억을 떠오르게 해줄 수 있는 향은
내가 좋아했던 장소에서 나오는 것이 아닌
아무것도 몰랐던 순수했던 시절의 향수에서 나오는 것이었다

나는 그 향을 뿌려 내가 그토록 바라던 추억들을 다시
옷과 손목, 그리고 목에 뿌리며 그렇게 여행을 시작했다

여행을 시작해 보니 청춘이라는 정류장을 발견했고
그곳으로 무작정 걸어갔다
오면서 나의 또 다른 현재의 추억들이 바닥에 꾹꾹 눌러 담겼고
곧장 나의 또 다른 진심을 알게 되었다

그 정류장 뒤에는 나와 닮은 바다가 존재했다
그 바다는 무척이나 조용했고, 잔잔한 파도가 바다를 이끌었다

무거웠던 가방을 바닥에 툭 내려놓고
지퍼를 열어 가방 속에 있던 폴라로이드 카메라를 꺼냈다
렌즈에 묻어있던 먼지를 조심히 닦아내었고

나의 추억, 나의 행복. 그리고
다시는 떠올릴 수 없는 낭만을 위하여
정류장과 바다를 한곳으로 모아
조심스럽게 손가락으로 셔터를 눌렀다

청춘을 위해, 나는 한 장의 사진을 담으며
순수했던 마음을 다시 기억했고 그 시절의 나를 사랑했다.

무지개를 추가하며

나는 고작 너에게 마음을 전달할 수 있는 게 전부였다
너를 위해 더 나은 위로를 주고 싶었지만
일찍 울어버린 탓에 눈물 밖에 보여주지 못했다

옅은 색의 계절을 담아내기 위해
나는 오늘도 우중충한 날씨 속에서
비를 맞으면서까지 사진을 찍으며 담아냈다

내 눈물과 비슷한 모습을 보이는 계절이기에
모습을 살짝 바꾸기 위해 무지개를 추가했다

덕분에 흐릿한 빛줄기가 나타났고
점차 너의 사랑이 선명해지기 시작했다.

하늘에 닿기 위한 부탁

하늘에 닿기 위해 구름 위로 올라가려고 했지만
구름이 먼저 세계에 닿기 위해 지면과 접하였고
그 구름은 마침내 안개가 되었다

하늘에 닿기 위해선 정말 많은 시도가 필요했고
나는 그 시도를 끝까지 포기하지도 놓치지도 않았다

지금의 안개, 즉 원래는 구름이었던 것들에게 말했다
"차츰 너희가 다시 하늘 위로 올라가서 구름이 되려고 할 때
나도 구름이 될 테니 너희와 함께 하늘에 닿도록 해줘"

그 안개들은 결국 나를 데리고 하늘 위로 올라갔고
나는 또 하나의 구름이 되었다

나는 이제 구름이 되었으니 너에게 소나기를 선물할게
소나기를 사랑하던 작은 시골의 소녀에게.

꽃은 여름과 겨울로 나뉜다

그늘진 곳에서도 꽃이 핀다는 걸 알면서
꼭 따뜻해야만, 햇볕을 받아야만 꽃이 피는 게 아닌 건
본인도 원하는 대로 일이 잘 풀리지만
어떤 하루는 바람 한 점 불지 않는
그저 뜨거운 햇살이 내 목덜미를 더 뜨겁게 한다

꽃은 어떤 환경에서든 항상 피며
아무리 날씨가 덥고 뜨거워도
아무리 날씨가 춥고 차가워도
주변 환경에 내색을 하지 않고 살아간다
꽃처럼 모든 환경에서도 이겨내길 바란다.

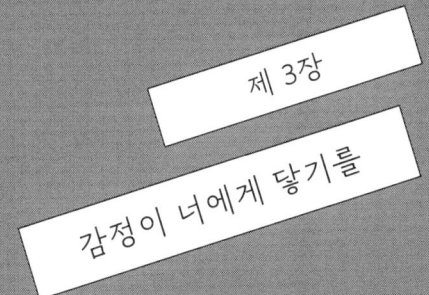

감정이 없던 그 바다

문득 바다가 떠올랐다
그 바다는 거칠지만 잔잔했고 파도는 조용했다
이 바다에게 내 마음을 던지면 숨겨줄지도 모른다

조용한 바다를 믿어보기로 했다
마치 감정이 없어 보였고 때문에 나를 닮은 것 같다
부디 물결을 따라서 머나먼 곳으로 사라져 주길.

고요한 너의 별자리

너의 고단했던 하루가 잠들면 결국 너는 밤하늘에 그림을 그린다
너는 너만의 별자리를 그려서 하늘 위로 올려놓아
아무도 지우지 못할 너만의 빛으로 만든다

만약 별자리 중 하나가 빛을 만들어내며 주변을
밝게 비춰준다면 그것은 오늘, 그리고 내일의 너 일 것이다
나는 그렇게 믿으면서 그 별자리를 사랑한다

어떤 하루는 진작에 밝고 상쾌한 하루이기에
아무리 세상을 밝게 비춰도 티가 나지 않는다
하지만 어떤 하루는 질고 어두운 하루이기에
주변을 밝게 비추며 많은 칭찬을 받는다

하루하루가 어떻든, 오늘을 위해 꾸준히 노력하고
다가오는 내일을 위해 매듭을 예쁘게 묶는다면
언제든 누군가에게 칭찬을 받을 날이 찾아온다.

영원한 여름 속에서

별거 아닌 작은 일에도 소소하게 미소 지으며 웃고
하루하루가 딱히 특별하지 않아도 그저 행복만을
추구하며 입가에 미소가 가득했으면 좋겠어

오늘 하루가 고단했다면 분명 내일은 고단해지기를
바랄 정도로 무척 행복한 순간이 찾아오는
그런 특별한 날이 올 거야

매일 힘들 순 없기에 가끔은 담백하게 살아가면서
꽃처럼 예쁘게 피어나기만 하면 돼.

여름밤의 파도

누구에게나 기댈 수 있는 바다가 있다
하루가 너무 무거워서 바다를 바라보며
많은 생각들을 정리하여 뱉어버리면
바다는 요동치는 파도를 만든다

깊은 바다는 지치고 비참한 내 모습들을 가려주고
모래사장 위에 오늘의 단어를 적으면
파도가 단어를 가져가며 오늘의 하루를 끝낸다

바다 위에 물건이 둥둥 떠다니는 것처럼
아무리 힘들고 지치며 마음이 무거워도
몸에 힘을 뺀다면 바다 위에 떠 있을 것이다

오늘도, 여전히 나는 파도에 휩쓸리고 있다.

너의 별과 꽃

눈이 정말 펑펑 예쁘게 내리는 날에
애틋하게 서 있는 꽃송이를 보며 하루를 그렸고
또 하나의 별을 찾아 어두운 밤을 빛나게 하였다
작년에 올렸던 별이 천천히 내려왔고
오늘도 사람들은 여전히 소원을 빌며 하루를 끝낸다

바람이 서늘하게 부는 날에는
꽃들이 이리저리 움직이며 행복을 찾았지만
자기 자신이 행복이란 걸 알아차리진 못한 모양이다

밤벌레가 신나게 노래를 부르는 여름밤엔
싱그러운 바람을 맞으며 산책을 했다

여름밤공기는 나에겐 그다지 다정하지 않았다.

먹구름이 부러웠던 나무

짙은 색을 가지고 있던 그 먹구름이 오늘은 왜인지 반가웠다
금방이라도 손에 닿을 만큼 낮게 비행 중이었던 그 구름은
마치 나와 같은 감정을 가지고 있는 듯한 분위기를 냈다

푹푹 찌던 여름에 갑작스럽게 찾아온 그 먹구름은
사람들에게 칭찬을 받으며 시선을 받았고
그 먹구름은 점차 눈물을 흘렸고 그것이 비가 되어 내렸다

나와 비슷했던 그 먹구름은 자기가 정말 이루고 싶었던 것을
이뤄냈지만 나는 정작 이뤄내지 못한 채 머물러있다

나는 누군가의 그늘이 되어주고 싶은 나무이지만
여전히 사람의 손길이 닿지 않은 숲에서 살아가고 있다.

꽃송이를 모아

물을 엎지르면 다시 담아낼 수 없다는 걸 깨달았고
그때부터 애매하다고 느껴지면 절대 시도조차 하지 않기로 했다

작은 눈물들이 모이면 결국 높은 파도가 되고
한 사람의 행동이 결국 전 세계인의 습관이 된다
그 습관은 점차 버릇이 되어버린다

나는 반대로 생각하는 것을 좋아하기 시작했고
버려진 꽃송이들을 모아, 하나의 꽃을 만들었다

어쩌면, 자그마한 따뜻한 위로를 모은다면 오늘도
한 사람에게 소중한 하루를 선물할 수 있지 않을까?

비 소식

비가 추적추적 내리는 날 나는 아무것도 뒤집어쓰지 않고
무작정 거리를 나와 걸었다
비가 내리는 날엔 빗물이 내 눈물을 가려주기 때문이다

남들은 우산을 쓰지만 나는 홀로 빗물이라는 위로를 쓴다
빗물은 결국 내 감정을 씻겨주고
점차 마르기 시작하면 새로운 마음을 가지어
새롭게 세상을 나갈 수 있다

홀로 방에서 비가 내리는 것을 보자니
시도 때도 없이 목이 메어왔다.

침묵을 사랑하는 것

나는 조용한 것을 좋아했다
나에겐 침묵과 정적이 흐르는 게 다정했고
소란스럽게 들리는 소리는 무척이나 아팠다

캄캄한 시간은 나를 더 아프게 했지만
결코 싫은 감정은 아니었다

조명이 조용히 꺼질 때까지 나는 조용하게 울었다.

고향의 발자국

착각이라는 감정이 내가 가질 수 있는 최선이라 믿고
그 착각을 가지고 지구의 반대편을 향했다

아무도 나를 찾지 않는 곳으로 향했고
내가 왔던 발자국을 다시 밟으며 돌아오고 나니
나의 고향에 돌아오게 되었다

그곳엔 내가 어릴 때 살아갔던 환경이 그대로였지만
지금의 나는 어릴 때와 달리 홀로였다

나는, 그렇게 내가 살아온 발자국을 다시 밟기로 했다.

어렵게 생겨버린 상처

아무런 관심 없이 그저 지나치기만 했던 그 시집이
이제는 내 모든 걸 기록하는 책이 되었고
무심코 밟았던 단풍이 결국 내 멘탈이 되었다

모른 척 지나가고 싶었던 상처들은
아는 척하며 자꾸 나에게 달려왔다

불규칙하게 생겨나던 그 상처들은
이제는 규칙적인 반듯한 상처가 되었다

나에겐 상처가 어렵게 생겼다.

계절과 함께 다시 찾아온 꽃

함께 웃고 울고 화내며 흐르는 시간 속에서
모든 걸 함께 했던 것들이 이제는
다시는 볼 수 없는 존재가 될 줄 알았다

각자의 목표와 꿈을 우해 나아가려 했고
나는 그들을 위해 등에서 날아오는 장미의 가시를 막아주었다

그렇게 나를 방패로 삼고서 힘껏 앞만 보고 나아가는
그 발걸음들이, 세월이 흐르고 흘러
그토록 원했던 목표를 이루었다는 소식이
내 귓가에 하나둘씩 들려왔다

뒤도 보지 않고 앞만 보고 갔던 그 발걸음들이
몇 번의 계절이 흘러 새로운 꽃을 들고
내 등 뒤에서 나를 조용히 감싸 안았다

항상 내가 뒤에 있던 존재였지만
이제는 내가 앞에 서게 되었다
이제는, 내가 앞을 보고 나아갈 차례였다.

함부로 삼키려는 것

어떠한 힘든 일이 닥치고 어려워져도
그것들을 무시하려는 마음으로
억지로 삼키려고 하면 금방 목에 턱 막힌다

아무리 힘들고 아파도 절대로 억지로 삼키지 말고
천천히 곱씹으며 내가 더 좋은 사람으로 될 수 있도록
도와주는 말이라고 생각하면 편하다

그렇게 천천히 씹고, 천천히 삼킨다면
다신 배도 아프지 않을 테고 힘들지도 않을 것이다

모든 일에는 누구나 처음이기 때문에
주변에 시선이 무조건 좋을 수많은 없다

지금껏 괜찮았고, 지금도 괜찮고, 앞으로도 괜찮아질 것이다.

과거를 가진 꽃

나의 작은 마음의 한구석에 온전히 남아있는
아직은 차갑지만, 금방 온기를 낼 수 있는
하나의 꽃이 있어요

어렴풋이 그 꽃이 생각이 났어요
그 꽃은 바다보다 더 넓은 마음을 가지고 있고
햇빛보다 더 눈부신 꽃이었고, 나의 과거였어요

그 꽃을 마주친다면 과거를 볼 수 있지만
저는, 제 과거를 다시 보고 싶지는 않아요

금방 온기를 낼 수 있고
과거를 다시 기억할 수 있지만
저는 그 꽃이 얼어버렸으면 좋겠어요.

너의 꽃밭에 가고 싶었던 나의 기억들

네가 나를 잊은지 2년이 되었다
내가 너를 여전히 잊지 않고 기억한지 3년이 되었다

나는 너라는 존재를 잊지 않으려고 너보다 1년을 일찍 시작했지만 너는 나라는 존재를 쉽게 여겼는지 나와 1년이라는 시간을 함께 보낸 상태에서 나를 잊으려고 했다

나를 위해서 써줬던 너의 편지는 너를 위해 여전히 간직했지만 너를 위해서 써줬던 나의 편지는 잊기 위해, 너를 위해 버림받았다

아무래도 너라는 꽃밭 속에선 나라는 꽃은 피어날 수가 없는 것 같다

조용하게 민들레 씨로 다시 태어나서 너의 꽃밭에 씨를 뿌렸지만 나의 기억들은 꽃밭이 아닌 한강으로 날아갔다
아무래도 나의 정착지는 한강의 외로운 흙 밭인 것 같다

희미한 눈물을 가진 은방울

그저 작은 물방울일 뿐인데
이렇게나 슬퍼 보여도 되는가

이 물방울은 슬픈 감정을 가진 듯했고
점차 차가운 푸른빛을 띠었다
자신이 물방울이란 걸 알려주고 싶은 듯했다
나는 이 물방울에게 작은 위로를 주었고

물방울은 조금씩 빛을 내었다
햇빛이 닿는 곳으로 데려가 보니
은방울로 모습을 바꾸었다

그 은방울은 내가 흘린 눈물과 똑같이 생겼다
내가 항상 누군가에게 위로를 받으면 눈물을 흘린다는 것을
이 은방울이 나에게 알려주는 것 같았다.

감춰져 있는 꽃들에게

자신을 몰라준다고 슬퍼하지 말아요
누가 뭐라 하든 나는 누군가에게 위로를 선물하는
아름다운 하나의 꽃송이에요

우리가 길을 잘못 찾아와도
다시 우리의 길은 점차 보일 테고
꽃이기에 지나갈 때 항상 아름다운 향기가 맴돌 거예요

그렇게 하나둘씩 향기로 우릴 알아줄 테고
우린 그 향기가 사라지지 않게만 하면 돼요

어려워 보인다면, 눈을 잠시 감아봐요
우리를 절대로 포기하지 않는 그 따뜻한 햇살 들이
눈을 감고 있는 우리에게 희망을 줄 거예요
당신은, 아름다운 꽃이기에.

감정을 알아준 민들레

분명 작년과 같은 여름이었는데
왜인지 감정을 더 아는 듯한 여름이었다

풀잎들 사이에 있는 물방울이 하늘에 올라갈 때
나는 그 물방울을 훔쳐 눈물을 쏟았고
차츰 내 감정을 아는지 비가 내렸다

숨겨진 내 마음을 잔디에게 털어놓으니
민들레가 조용히 피어났고
나는 그 민들레는 가만히 사랑했다

다시 민들레 씨가 태어날 즘
나는 다시 민들레 씨에게 감정을 털어놓았다
다시 민들레가 조용하게 피어나기 위하여.

꽃이라는 감정

잃어버린 나를 되찾으려 했을 때
나의 젊음 또한 잃어버렸다는 것을 깨달았다

그저 평범한 한 그루의 나무가 되었을 때는
그저 특별한 것 없이 바라보며
아무 말 없이 지나가곤 했지만

아름다운 색을 가지고 있는 한 송이의 꽃이 되었을 때는
빤히 바라보면서 예쁘다는 하나의 감정을 나에게 선물해 줬다

꽃이라는 감정도 있다는 걸 알게 되었고
그제야 나의 행복이 보였다.

혼잣말

나는 혼잣말을 좋아했다
혼자 모든 걸 담아내는 걸 좋아했고
마음이 뱉어내는 말들을 해도 그 누구도 듣지 못한다

아무도 듣지 못하게 혼자 말하는 걸 좋아하는 내가
어느샌가 누군가에게 말을 하는 것에 관심이 생겼다

내가 나에게 하는 말보다
내가 누군가에게 해주는 말들이 따뜻하다는 걸 느꼈다

조용히 꾹 닫고 있던 마음에 작은 바람이 불어왔고
흙으로 덮여있던 마음속에 고요히 꽃이 피어났다

머나먼 여름을 위해 이 꽃을 품고 떠나기로 했다
이제는 누군가에게 따뜻한 말을 건네주기 시작했다.

외로움을 타는 꽃

살랑살랑 춤을 추며 바람이 알려주는 감정을 흡수했다
모두가 좋아하던 그 온기를 가지고 있던 꽃이었고
무척이나 사람들에게 많은 관심을 받았다

더 바랄 것이 없어 보일 만큼 행복해 보였던 그 꽃이
어느 순간부터 고개를 내려 땅을 바라보고 있었다

자기가 좋아하던 사람들의 시선도 받고
빗물을 흘려보내는 가장 좋아하는 행동을 해도
여전히 그 꽃은 흙을 바라보고 있었다

많은 것을 다 가졌다 해도
수없이 부러움을 느낀 꽃일지라도
자신의 내면을 알아줬으면 하는 감정이 그 꽃에게도 있었다

그 꽃은 잠시 동안 눈물을 흘렸고, 결국 작은 외로움을 느꼈다.

일시적인 감정

일시적이지 않는 감정을 느껴보고 싶었다
지금껏 느껴왔던 모든 감정들은 일시적인 감정이었고
매번 가식적인 마음이었다

누군가를 위해 진심을 다해 느껴보고 싶었지만
그 누구도 나를 믿어주지 않았기에
나 또한 발걸음을 앞이 아닌 뒤로 옮겨야 했다

혼자 묵묵히 노력해 봐도 여전히 가식이었다

진심으로 느끼고 싶었지만 그러질 못하였고
때문에 나는 눈물을 흘려 하나의 바다를 만들었다

그 바다는, 침묵을 사랑했다.

가라앉아버리는 마음

차라리 많은 눈물을 쏟아부어 이 세계를 잠겨버리게 하고 싶다
물속에서 하나둘씩 헤엄을 치다가 결국 자신을 잃어버리면
모든 게 흩어지게 될 테고 그렇게 된다면
모든 게 다 사라질 것이다

그 누구도 아니었으면 좋겠다
내가 가장 사랑했던 사람조차 더 나은 세상으로 갈 수 있게끔
기억이 점차 희미해지다 결국 가라앉았으면 좋겠다

서로가 서로를 싫어하고, 그러다가도 용서를 해주는 이런 세상은
하나부터 열까지 모두 짙은 감정인 것 같고 항상 어두웠다

모든 걸 용서하고 싶다면 모두가 희미해지면 된다

꽃을 찾아다니는 한 마리의 나비가 됐으면 좋겠다.

어제보다는 더, 내일보다는 덜

아픔은 눈물을 옷깃으로 눌렀다 해도
슬픔의 고통은 누를 수 없기에 어두운 방에서
홀로 뱉어내는 게 나의 일상 이야기 속 첫 페이지다

찬란했던 어린 시절 속엔 불안과 고통 그
리고 잦은 고민이 존재하지 않기에
그 어디에도 찾아볼 수가 없었다

지금이라는 시절에는 불안과 고통만이 가득 차 있고
행복이라는 것이 어디에도 찾아볼 수 없게 되었다

"내일은 어떤 재밌는 일이 일어나질 기대돼."
이 이야기 또한 나에겐 모순이었고
나에겐 오늘이라는 시간을 버티기도 버겁다.
오늘의 나를 격려하고 내일의 나를 응원하라는 글귀를 읽었지만
나에겐 와닿지 않는 문장이었다.

예쁘길 바라던 나의 추락

나는 몸을 가볍게 만들어 추락하는 걸 좋아했다
싫증 나던 마음을 곱게 접어 마음 한구석에 집어넣고
시원했던 공기를 들이마시고 내뱉었다

나의 추락은 그다지 예쁘진 않았지만
그렇다고 억울하고 비참하지도 않았다

영원을 사랑하는 대신, 나는 평생이란 걸 믿었고
힘들게 삼켜버린 믿음이 마음에 닿도록
그렇게 나는 우연을 마주했다

나의 목적지는 없었지만, 출발지는 존재했다
나는 예쁜 미래를 향해 오늘도 웃었다
행복한 그 끝에 닿을 때까지.

우울을 숨기고 있던 꽃송이

오랜만에 공허한 숲을 다녀왔다
그곳엔 외로움을 겪고 있는 작은 꽃 한 송이가 있었다
그 꽃은 마치 단조로운 바다를 떠오르게 해주었고
꽃송이의 가장자리에는 짙은 얼룩이 있었다

그 가장자리에 있는 얼룩에는 하나의 감정이 존재했고
뚜렷하게 보였던 건 우울이었다

먼지가 쌓인 물병을 물로 씻어냈고
외로움을 겪고 있는 꽃송이를 집어넣었다

그 얼룩은 점차 희미해져 결국
물병 속에 담겨 있는 물과 함께 헤엄을 쳤다

어쩌면, 우울이란 건 아주 어려운 감정이다가도
쉬운 방법으로 금방 해결할 수 있는 감정일지 모른다.

산책의 낭만을 바람에게 건넸다

나는 언뜻 평화로운 걸 좋아했다
꽃에게 노래를 들려주는 것
불어오는 바람에 몸을 맡기며 들판에 드러눕는 것
생각할 시간이 필요할 땐 산책하는 것
이 모든 것들은 그저 평범했지만 나에겐 소중했다

나는 산책을 글로 써 내려가며
산책이 나에게 알려주는 낭만을 바람에게 선물했다.

내가 걷던 길에는 나의 발자국이 찍혔고
각자의 발자국 모양이 달랐다

나의 모습을 뜻하는 것 같았다.

다시 비가 내리겠죠

언젠간 다시 따스한 햇빛이 나올 수 있겠죠
나는 어느샌가 울적한 하늘 아래에 있어요

작은 눈물이 결국 하나의 웅덩이를 만들었고
보고 싶었던 꽃송이들을 마구 정리해 보니
작은 봄이 올 수도 있겠다는 생각을 했어요

내가 만들었던 흔적은
지울 수 없는 흉터가 되었고

나의 옛 시절이 담겨 있던 그 사진첩을 열어보니
작은 먼지들이 사진을 마음껏 숨기고 있었다

조심스럽게 숨을 불어넣으니
그동안 내가 몰랐던 나의 행복이 보이기 시작했다.

청춘의 건널목

언제부턴가 내 청춘이 온통 네 이름으로 물들고 있어
내가 가장 사랑했던 꽃의 탄생화가 결국 너의 생일과 똑같았고
난 그때부터 그 꽃이 아닌 너를 사랑하기로 다짐했어.

너와 나는 항상 꽃과 해변가를 사랑했고 우리는 그런 곳에
다치고 지쳤던 마음들을 의지해왔어. 밤이나 낮이나 항상 꽃을
사들고 해변가로 달려가서 꽃이 알려주는 향을 맡으며 공허한
소리를 내는 파도를 바라봤어. 그렇게 서로에게, 그리고 꽃과
해변가에게 마음을 의지했던 우리였는데 너는 그런 게
싫었는지 이제는 꽃과 해변가가 아닌 하늘에게 의지하기
시작했고 결국 내 옆에 꼭 붙어있던 네가

고요히 이 세상과 나에게서 떠났어. 나는 소리 없이 울었고
매번 네가 좋아하던 꽃을 사들고 너에게 갔어

오늘은 왠지 여행을 가고 싶었어. 아무런 계획 없이
무작정 가볍게 짐을 싸고 집을 나왔어 너무 일찍 나온 탓에 온 세상
이 파랗게 물들었고, 결국 지금이 새벽이란 걸 깨닫게 되었어

-

새벽인데도 불구하고 경치가 전혀 존재하지 않는 지하를
달리는 것을 보고 지루한 감정을 느끼다가 언뜻 창문으로
작은 빛이 보이기 시작했고 고개를 지그시 올려보니 지하를
달리던 열차가 끝내 지상으로 올라오게 되었고 맑은 날씨와
높은 건물들을 맞이하였다.

한참을 달리다 열차는 대교를 건너고 있었다 날씨가 맑은
덕분에 강은 마치 거울 같았고 물줄기와 빛줄기가 함께
공존을 하고 있었다

아직 노을이 지기엔 많은 시간이 걸릴 것 같았다.

나는 3번의 열차와 4번의 버스를 이용한 끝에 내가 그토록
오고 싶어 했던 동네에 도착했다. 작년부터 오고 싶었고,
그땐 너와 함께 하루하루를 보내던 때였기에 너와 함께
꼭 오기로 다짐을 했었다.

하지만 지금은 그 말들이 과거형이 되었고 지금은 너의 존재가
아닌 네가 영원히 잠들어 있는 이 꽃과 함께 오게 되었다.

나는 동네를 바라봤고, 그 동네 또한 내가 마음에 들었는지
내가 그토록 바라던 노을을 불러주었고 점차 세상을
붉은빛으로 물들기 시작했다.

결국 내 두 눈에선 내가 그토록 꾹 참고 버려왔던 감정이
흘러내렸고 그 감정은 두 볼을 타고 내려오며, 너에게
뚝- 하고 떨어졌다.

내 감정 덕분에 너는 시들지 않을 것 같아서 한편으론 좋았다.
나는 그렇게 지고 있는 해 쪽으로 발걸음을 옮겼고
나는 건물들과 동네가 점 보이지 않는 곳으로 점점 향했다

무턱대고 온 여행인데,
계획대로 움직이는 여행처럼 체계적이면서 편안하고 행복했다

차츰 바람이 시원하게 불어왔고 그때 내가 걷던 거리는 점차
일방통행과 비슷하게 좁혀지기 시작했다.

그렇게 거리 곳곳에 피어나 있는 민들레와 풀잎들을 마주하며
걷던 그때 멀리선가 띵- 띵- 하며 소리가 들려왔고
나는 그 소리를 듣곤 어릴 적 내가 좋아했던 소리라는 것이
생각났다. 나는 두 손으로 들고 있던 꽃을 한 손으로 잡으며
발걸음을 더 빠르게 옮겼다.

점점 밟히는 모래와 자갈들, 저 멀리에선 희미한 붉은빛이
반짝거렸고 정말 내가 어릴 때 좋아했던 소리라는 것을
깨닫게 되었다.

정말이었다. 그곳에는 내가 걷던 도로와 함께 세월을 보내며
같이 낡아져 버린 도로와 철로가 교차하는 곳이었다.

패턴이 일정한 차단기가 날 가로막았고 얼마 지나지 않아
작은 열차가 그 낡은 철로 위를 지나가고 있었다.
열차가 지나가는 너머 도로에는 작은 어린아이가 자전거에서
내려서 열차를 구경하고 있었다 나는 그 아이를 보고 어린
시절 내 모습과 비슷하다는 것을 느꼈다. 열차는 그렇게
철로를 지나갔고 나를 가로막고 있던 차단기가 천천히
올라가며 교차점을 자세히 보여주기 시작했다.

나와 그 어린아이는 서로가 오던 방향으로 향했다.

그렇게 꽃이 되어버린 너와 지금의 나 그리고, 어린 시절의
모습과 비슷한 어린아이와 함께 교차했다.

그 어린아이는 정말 내 어릴 적과 비슷한 분위기를 보여주었고
이 건널목이 내 어린 시절을 보여주려는 듯했다.

결국 나는 그 모든 순간이 지금의 청춘이라는 것을 느꼈고
때문에 이 건널목을 청춘의 건널목이라고 지었다.

여름은 온통 상처투성이

여름이 나에게 다가오더니
지울 수 없는 선을 손등 위에 그었다
아직은 내가 깨달을 수 없는 계절인 것일까

머리맡에 두었던 유리컵에 금이 생겼다
아직은 이 더위를 마주할 수 없는 우리들이었다

여름은 온통 상처투성이만이 가득했고
내 젊음을 여름에게 맡기고 싶었지만
나를 바라보는 시선이 온통 뜨겁고 건조했다

내 눈물이 메마른 책 위에 고이 모여
당장이라도 찢어질 것 같았던 낙엽 같은 모습이
어느새 파도처럼 일렁이기 시작했다

바람이 불어도 그저 보이는 건 먼지였지만
이제는 바람이 불어오면 먼지가 아닌
온갖 감추고 있던 줄거리가 펼쳐졌다

나는 여름이라는 소설을 사랑했고
그 여름날의 주인공이 되고 싶었다

여름을 저만치에 두고 왔습니다

여름을 저만치에 두고 왔습니다
저는 아직 그대가 사랑하는 겨울 속에서
떠나려는 청춘을 붙잡고 있습니다

누군가에겐 하루를 비추는 여름이
겨울을 잊을 수 있게 하는 마음이라면
저에겐 하루를 얼리며 감추려는 겨울이
여름을 잊을 수 있게 하는 마음입니다

여름을 사랑하냐고 묻는다면
당신을 그리워한다고 말합니다

계절은 사랑을 감출 수 없지만
사랑은 계절을 감출 수 있습니다

그대의 청춘이
여름을 알아갈 수 있는 시기라면

저에게 여름은
청춘이 아닌 당신을 떠올릴 수 있는 시기입니다

이젠 그대에게서 벗어나려 합니다
여름을 저만치에 두고 온 이유입니다

바다는 언덕 위로 올라가면 보여서

여행을 떠나기 위해 방명록에 나를 남겨본다
많은 손길이 닿아 이곳저곳에 곡선이 생겨버린 노트 위로
앞으로 남길 발걸음의 자국처럼
어제와 오늘, 그리고 내일의 흔적이 지나간다

볼펜의 잉크가 묻어 나오면, 흔적이 번지겠지만
그 번지는 순간들은 흩어지는 마음이 아닌
더더욱 멀리 나갈 수 있다는 다짐이었다

언덕을 오르기 위해선 구애를 받을 수 있다는 말에
나는 사랑의 구애를 받아보겠다는 한마디를 건넸다
사랑에서의 구애는 얽매이는 순간들도 아름답기에

나뭇가지는 완벽하게 잘리지 않지만
풀잎은 완벽하게 잘리니까

바다가 머무르는 곳을 따라 걸어보니
나를 재촉하려는 모래가 가득했고
조금 더 깊은 곳으로 나를 인도했다

바다에 닿기도 전에 사라질까 봐 두려웠지만
언덕에는 닿았으니 숨 쉬는 물결을 찾아서
조금씩 손을 내밀어보려 한다

바다는 아니어도 파도에는 도착했으니까

작가의 말

후덥지근한 더위만이 가득했던 여름날
너의 더위가 나에게는 여름일 줄 알았지만
습한 공기 속에서 너를 마주하자니
나는 아직 이 여름을 깨닫지 못했다